BEI GRIN MACHT SICH IH WISSEN BEZAHLT

- Wir veröffentlichen Ihre Hausarbeit, Bachelor- und Masterarbeit

- Ihr eigenes eBook und Buch - weltweit in allen wichtigen Shops

- Verdienen Sie an jedem Verkauf

Jetzt bei www.GRIN.com hochladen und kostenlos publizieren

Michael Bächle, Pirmin Mösle

Arbeitsberichte zur Wirtschaftsinformatik

Studiengang Wirtschaftsinformatik, DHBW Ravensburg

Band 2

Django - Agiles Web-Entwicklungsframework für Python

GRIN Verlag

Bibliografische Information der Deutschen Nationalbibliothek:

Die Deutsche Bibliothek verzeichnet diese Publikation in der Deutschen Nationalbibliografie; detaillierte bibliografische Daten sind im Internet über http://dnb.d-
nb.de/ abrufbar.

Impressum:

Copyright © 2008 GRIN Verlag GmbH
Druck und Bindung: Books on Demand GmbH, Norderstedt Germany
ISBN: 978-3-640-77692-4

Dieses Buch bei GRIN:

http://www.grin.com/de/e-book/159807/django-agiles-web-entwicklungsframework-
fuer-python

GRIN - Your knowledge has value

Der GRIN Verlag publiziert seit 1998 wissenschaftliche Arbeiten von Studenten, Hochschullehrern und anderen Akademikern als eBook und gedrucktes Buch. Die Verlagswebsite www.grin.com ist die ideale Plattform zur Veröffentlichung von Hausarbeiten, Abschlussarbeiten, wissenschaftlichen Aufsätzen, Dissertationen und Fachbüchern.

Besuchen Sie uns im Internet:

http://www.grin.com/

http://www.facebook.com/grincom

http://www.twitter.com/grin_com

Django

Agiles Web-Entwicklungsframework für Python

Arbeitsberichte zur Wirtschaftsinformatik

Nummer: 03/2008

Autoren: Pirmin Mösle (Alpstein GmbH)

Michael Bächle (Studiengang Wirtschaftsinformatik)

Ravensburg

Bibliographische Information der Deutschen Bibliothek
Die Deutsche Bibliothek verzeichnet diese Publikation in der Deutschen Nationalbibliografie; detaillierte bibliografische Daten sind im Internet über http://dnb.ddb.de abrufbar.

© bei den Autoren, 2008

Herausgeber:	Studiengang Wirtschaftsinformatik, Berufsakademie Ravensburg
Anschrift:	Marienplatz 2
	88212 Ravensburg
	+49 (0) 751 / 18999-2731
	e-mail: baechle@ba-ravensburg.de
	http://wiservices.ba-ravensburg.de
Version:	1.0
ISSN:	1865-9616

Inhaltsverzeichnis

Abbildungsverzeichnis

Listingsverzeichnis

Abkürzungsverzeichnis

API	Application Programming Interface
DRY	Don't repeat yourself
HTML	HyperText Markup Language
HTTP	HyperText Transfer Protocol
MVC	Model View Controller
NSCA	National Center of Supercomputing
PHP	Hypertext PreProcessor; früher: Personal HomePage Tools
SQL	Structured Query Language

1 Einleitung

1.1 Geschichte der Webentwicklung

Zu Beginn der Webentwicklung wurde jede Internetseite von Hand geschrieben bzw. programmiert. Eine bestehende Webseite zu warten, d.h. aktuell zu halten, bedeutete direkt HTML[1] zu bearbeiten.

Mit der Zeit und den steigenden Anforderungen an Webseiten wurde es schnell offensichtlich, dass diese Situation so nicht tragbar war. Eine Gruppe ambitionierter Programmierer der NSCA[2] schaffte es erstmals dynamisch HTML-Inhalte von einem externen Programm erstellen zu lassen, sie nannten dieses Protokoll CGI - Common Gateway Interface.

CGI-Skripte haben aber ihre Probleme: Sie benötigen vielen, sich wiederholenden Code - die Wiederverwendung von Code-Fragmenten gestaltet sich schwierig und die Greifbarkeit und Verständlichkeit des Codes ist gerade für Einsteiger nicht gewährleistet.

PHP[3] löst viele dieser Probleme. Eine der bedeutsamsten Neuerungen mit PHP war der einfache Einstieg - die relativ flache Lernkurve brachte schnelle Erfolge. Aber auch PHP zwingt den Programmierer zu immer wieder denselben Code - die Wiederverwendbarkeit ist erst mit der Objektorientierung bedingt gegeben und speziell im Bereich Sicherheit lässt PHP einige Wünsche offen.

Eben diese Probleme führten zu den sogenannten "third gen" Web Development Frameworks, wie sie durch Ruby on Rails oder Django vertreten werden.[4]

1.2 Ziel der Arbeit

Ziel dieser Arbeit ist es, das Framework Django und dessen Funktionsweise einer breiteren Entwickleröffentlichkeit näher zu bringen. In diesem Zusammenhang soll auch auf Entwurfsmuster, insbesondere auf das Entwurfsmuster „MVC" [5] und dessen Bedeutung für die moderne Webentwicklung, eingegangen werden. Ebenso werden Methoden der modernen Webentwicklung aufgegriffen und erläutert.

---

[1]Hyper Text Markup Language
[2]National Center of Supercomputing
[3]rekursives Akronym für „PHP: Hypertext Preprocessor", ursprünglich „Personal Home Page Tools"
[4]vgl. Holovaty A., Kaplan-Moss J. (2008)
[5]Model View Controller

2 Werkzeuge und Methoden moderner Webentwicklung

2.1 MVC-Architektur

Entwurfsmuster (Design Patterns) sind ursprünglich ein Konzept aus der (Gebäude-) Architektur, das im Rahmen der Programmiersprache und -umgebung Smalltalk für die Softwareentwicklung übernommen wurde. Im Wesentlichen geht es um die übersichtliche Katalogisierung einmal gefundener Lösungen für die spätere Wiederverwendung. Bei Entwurfsmuster handelt es sich keinesfalls um fertig programmierte Komponenten oder Codeschnipsel. Wie der Name schon sagt, gehören sie zur Phase des Entwurfs und nicht zur Implementierung von Software. Dennoch enthält ein Muster neben vielen anderen Komponenten auch Codebeispiele.

In der Softwareentwicklung wurden die Entwurfsmuster durch die "Gang of Four" (GoF) Erich Gamma, Richard Helm, Ralph Johnson und John Vlissides eingeführt.

Jedes Entwurfsmuster besteht aus vier wesentlichen Komponenten:[1]

- Mustername

  Das Muster sollte eine möglichst griffige Bezeichnung erhalten, die möglichst genau auf seinen Verwendungszweck hindeutet.

- Problemabschnitt

  Eine genaue Beschreibung der Situation, in der das Entwurfsmuster eingesetzt werden kann.

- Lösungsabschnitt

  Die abstrakte Beschreibung eines Entwurfsmuster, welches das Problem löst.

- Konsequenzenabschnitt

  Eine Beschreibung der Folgen und möglichen Nebeneffekte, die der Einsatz des Entwurfsmusters mit sich bringt.

2.1.1 Komponenten

Ein bekanntes Entwurfsmuster, das nicht im GoF-Katalog vorkommt, ist zum Beispiel das MVC-Pattern. Es handelt sich um eine praktische Vorgehensweise zur sauberen Trennung von Datenmodell, Programmlogik und Präsentation. Es wurde bereits in den 1970er-Jahren im Smalltalk-Umfeld entwickelt und beschreibt den Idealzustand von APIs für grafische Benutzeroberflächen.

---

[1]vgl. Gamma E., Helm R., Johnson R., Vlissides J. (1996)

Die MVC-Archiketur teilt eine Anwendung in folgende Teile:
Model (Modell) Das Model beinhaltet das Fachkonzept. Es ist also für die interne Datenverarbeitung zuständig. Es trägt die Verantwortung für die:

- Daten

  Beispiel: In einer Anwendung werden aus einer Datenbank Daten abgefragt.

- Geschäftsmodell

  Beispiel: Bei einem neu angelegten Produkt wird der Bruttopreis aus dem Nettopreis berechnet.

View (Präsentation) Die View ist für die Darstellung der Daten zuständig. Die View greift dazu über eine definierte Schnittstelle auf die Daten des Model zu. Als Zuständigkeiten der View können aufgeführt werden:

- Anzeige von Daten (aus dem Model)
- Anzeigelogik

  Beispiel: „Wenn diese Kennzahl so, dann zeige Schaltfläche X an."

- Benutzerinteraktion bereitstellen

  Schaltflächen, Textfelder etc.

Controller (Steuerung) Der Controller bietet dem Benutzer verschieden Manipulationsmöglichkeiten, um den Zustand des Model zu verändern. Eer ist somit die einzige Schnittstelle, um Daten zu manipulieren. Unter die Zuständigkeit des Controllers fallen:

- Verwaltung der Views;
- Steuerung der Anzeige von Views;
- Entgegennahme und Weitergabe von Benutzereingaben (insbesondere Datenmanipulation).

2.1.2 Beziehungen zwischen den Komponenten

Balzert H. (1999) beschreibt die Beziehungen der Komponenten in der MVC-Architektur wie folgt: „Die MVC-Architektur realisiert folgende Ideen: Das Model-Objekt (Fachkonzept) weiß nicht, wie seine Daten auf der Oberfläche dargestellt werden. Es darf nicht direkt auf seine assoziierten View- und Controller-Objekte zugreifen und dort Daten ändern. Es besitzt lediglich eine Liste aller von ihm abhängigen Objekte. Bei einer Aktualisierung muß es alle seine abhängigen Objekte über diese Änderung informieren. Wenn View und Controller-Objekte geändert oder ausgetauscht werden, ist das Model-Objekt nicht davon betroffen."

View-Controller-Beziehung

Jede View hängt direkt von einem Controller ab und vise versa. Dies ergibt sich aus der engen Verzahnung von Input und Output bei einer Anwendung. Für Web-Frameworks die

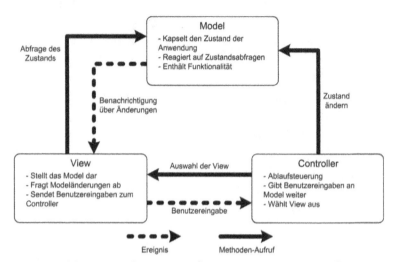

Abb. 2.1: MVC Architektur [vgl. Sun Mircosystems (2002)]

auf der MVC-Architektur aufbauen, heißt das, dass der Controller die Verarbeitung des Models übernimmt, die View sorgt für die Darstellung.

Model-View-Beziehung

Die View hängt vom Model ab. Änderungen am Model müssen parallel an den Views vollzogen werden.

Model-Controller-Beziehung

Der Controller hängt vom Model ab. Änderungen am Model haben direkte Auswirkungen auf den Controller.

Das MVC-Entwurfsmuster bzw. die MVC-Architektur garantiert somit ein flexibles Programmdesign, das eine spätere Änderung und/oder Erweiterung und die Wiederverwendbarkeit von Code unterstützt.

2.2 Frameworks - Instrumente der modernen Webentwicklung

Bevor auf ein aktuelles Framework der Webentwicklung näher eingegangen wird, muss der Begriff „Framework" abgegrenzt werden.

Lahres B., Rayman G. (2006) definieren „Framework" wie folgt:

„Das Grundkonzept von Frameworks ist es, einen Rahmen für eine Anwendung oder einen Anwendungsbereich zur Verfügung zu stellen. Damit legen Frameworks eine Art Schablone für diesen Bereich fest, die bei der Entwicklung einer konkreten Anwendung dann ausgeprägt wird.

Die Entwicklung einer Anwendung auf Basis von Frameworks besteht darin, dass Klassen und Methoden umgesetzt werden, die aus dem bereits existierenden Framework heraus aufgerufen werden. Damit liegt die Steuerung des Kontrollflusses komplett bei den Framework-Klassen. Das Frameworks zugrunde liegende Prinzip wird deshalb auch Umkehrung des Kontrollflusses (Inversion of Control) oder Hollywood-Prinzip genannt." Bächle M., Kirchberg P. (April 2007) trennen Web-Frameworks in zwei Klassen:

- „In ereignisgesteuerten Web-Frameworks definiert der Programmierer für spezielle Kompenenten vorab die Reaktion auf ein bestimmtes Ereignis, welche dann zur Laufzeit durch Benutzeraktion mit der Komponente ausgelöst werden kann."[2]

- „Aktionsgesteuerte Web-Frameworks orientieren sich stärker an den technischen Besonderheiten des HTTP[3]-Protokolls und definieren ihre Anwendungssteuerung entlang des webtypischen Request/Response-Zyklus. Konzeptionell lehnen sich diese Web-Frameworks stark an das Model-View-Controller-(MVC) Muster an. [...]"[4]

Das Model-View-Controller Muster und dessen Konzept wurde bereits in Kapitel 2.1 erläutert.

Inversion of Control

Konventionell entwickelte Anwendungen nutzen eine Reihe von (Klassen-)Bibliotheken (APIs[5]). Diese werden von der Anwendung, welche sie nutzt, aufgerufen. Die Bibliotheken sind dabei Hilfsmittel und übernehmen niemals den Hauptkontrollfluss der Anwendung. Immer wenn die Anwendung Funktionalitäten der externen Klassenbibliothek benötigt, ruft sie diese über festgelegte Schnittstellen auf. Die Anwendungsarchitektur - den prozeduralen Ablauf - müssen die Entwickler selbst konstruieren, sie wird mit den Klassenbibliotheken nicht mitgeliefert. Im Gegensatz zu konventionell entwickelten Anwendungen invertieren die Frameworks den Kontrollfluss einer Anwendung. Die Anwendung wird dadurch vom Framework gesteuert. Die Vorgehensweise ist als Call-Back-Prinzip bekannt. Zentrale Bestandteile einer Anwendung und Software-Architektur werden bereits im Framework vorgegeben. Die anwendungsspezifischen Funktionalitäten einer Software, die auf einem Framework aufsetzen, werden meistens als Erweiterungen dieses Frameworks implementiert und werden aus dem Framework heraus aufgerufen. Auf diese Weise wird der Hauptkontrollfluss einer Anwendung durch das Framework gesteuert.[6]

Die folgenden Punkte sprechen für den Einsatz eines Frameworks:

- An der Entwicklung sind mehrere Personen beteiligt.
- Die Personen haben unterschiedliche Rollen (Programmierer, Webdesigner, Redakteur).

---

[2]Bächle M., Kirchberg P. (April 2007), Seite 79
[3]Hypertext Transfer Protocol
[4]Bächle M., Kirchberg P. (April 2007), Seite 79
[5]Application Programming Interface
[6]vgl. Fowler M. (2004)

- Die Webanwendung soll auf Fremdsysteme zugreifen.
- Sicherheit und rollenspezifisches Verhalten ist gewünscht.
- Inhalte sollen für verschiedene Medien aufbereitet .

2.3 DRY - Don't repeat yourself

DRY[7] steht für ein Programmierparadigma das die Frage nach der Vermeidung von Wiederholungen in der Softwareentwicklung beantwortet.

Andy Hunt und Dave Thomas schreiben in ihrem 1999 erschienenen Buch „The Pragmatic Programmer"[8]:

> "Every piece of knowledge must have a single, unambiguous, authoritative representation within a system"

Als Programmierer sammelt man Wissen, man organisiert, pflegt und nutzt dieses. Das zur Verfügung stehende Wissen ist aber nicht vor Veränderung geschützt. Ganz im Gegenteil: Wissen verändert sich, sei dies durch neuere Technologien, geänderte Anforderungen, andere gewählte Algorithmen, etc.

In Bezug auf Codefragmente bedeutet dies, dass häufig derselbe Code an unterschiedlichen Stellen in einem System auftaucht. Diese Wiederholungen verursachen so lange keine Probleme, wie der Code nicht geändert werden muss. Die Frage dabei ist nicht, ob die Wiederholungen vergessen werden, sondern wann. Dies kann zu ungewolltem Programmverhalten an verschiedenen Stellen führen.

Gründe für Wiederholungen in der Softwareentwicklung:

- Erzwungene Wiederholung.
  Man scheint keine Wahl zu haben. Umstände scheinen die Wiederholung zu erfordern.
- Unabsichtliche Wiederholung.
  Aus Versehen.
- Wiederholung aus Ungeduld.
  Faulheit. Wiederholen, weil es einfacher scheint.
- Wiederholungen durch mehrere Entwickler.
  Verschiedene Entwickler wiederholen dieselbe Information.

DRY gilt als eines der wichtigsten „Werkzeuge" der modernen Webentwicklung.[9]

---

[7]Don't repeat yourself
[8]Hunt A., Thomas D. (1999)
[9]vgl. Hunt A., Thomas D. (1999)

3   Django - ein Python Web Framework

3.1   Python - eine dynamische objektorientierte Programmiersprache

> "Python is a dynamic object-oriented programming language that can be used for many kinds of software development. It offers strong support for integration with other languages and tools, comes with extensive standard libraries, and can be learned in a few days. Many Python programmers report substantial productivity gains and feel the language encourages the development of higher quality, more maintainable code." [Python Software Foundation (2008)]

Die Skriptsprache Python wurde um 1989 von Guido van Rossum in den Niederlanden am *Centrum voor Wiskunde en Informatica (CWI)* in Amsterdam entwickelt. Van Rossum ist ein Anhänger der britischen Komikergruppe Monty Python[1], woher der Name der Programmiersprache stammt.[2]

Bei Python handelt es sich um eine Scriptsprache, da kein expliziter Übersetzungsvorgang durch einen Compiler notwendig ist.[3]

Zu den Vorteilen von Python zählen [Python Software Foundation (2008)]:

- very clear, readable syntax
- strong introspection capabilities
- intuitive object orientation
- natural expression of procedural code
- full modularity, supporting hierarchical packages
- exception-based error handling
- very high level dynamic data types
- extensive standard libraries and third party modules for virtually every task
- extensions and modules easily written in C, C++ (or Java for Jython, or .NET languages for IronPython)
- embeddable within applications as a scripting interface

Grundlegende Syntax von Python

Bevor auf die syntaktischen Besonderheiten von Python eingegangen wird, sollte noch ein

---

[1]bekannt etwa durch den Film "Das Leben des Brian"
[2]Walter T. (2007), Seite 257
[3]vgl. Hetland M. L. (2005), Seite 8ff

Augenmerk auf den interaktiven Interpreter von Python geworfen werden. Der Python-Interpreter arbeitet beim Ausführen eines Python-Scriptes zunächst klassisch:[4]

1. Einlesen der Datei (bzw. der interaktiven Eingabe)
2. lexikalische Analyse
3. syntaktische Analyse durch Parser, Übersetzung in Bytecode
4. Interpretation des Bytecodes

Eine wesentliche Besonderheit von Python ist die Möglichkeit, den im dritten Schritt gewonnenen Bytecode separat abzuspeichern. Dieser Bytecode wird üblicherweise in Dateien mit der Endung `.pyc` abgelegt und ist vollständig plattformunabhängig.[5]

Für eine vollständige Darstellung der Syntax von Python reicht der Rahmen dieses Arbeitsberichts nicht aus, hierzu wird deshalb auf van Rossum, G. (Februar 2008) und Hetland M. L. (2005) verwiesen. Ein kurzes Beispiel soll den einfachen Aufbau von Python-Scripten verdeutlichen:

```
1   [...]
2   class Auto:
3       *** Konstruktor ***
4       def __init__ (self, modell, ps, hubraum, hersteller="BMW", bjahr="2008"):
5           self.__modell_ = modell
6           self.__ps_ = ps
7           self.__hubraum_ = hubraum
8           self.__hersteller_ = hersteller
9           self.__bjahr_ = bjahr
10
11       *** Getters ***
12       def getModell(self):
13           return self.__modell_
14
15       def getLeistung(self):
16           output = "PS: " + self.__ps_ + ", Hubraum: " + self.__hubraum_
17           return output
18
19       *** String Funktion ***
20       def __str__(self):
21           output = "Hersteller: " + self.__hersteller_ + ", Modell: " + \\
22           self.__modell_
23           return output
24   [...]
25   a = Auto("330i", "256", "3300")
26   print a.getModell
27   print a
```

Listing 3.1: Beispielcode Python

Dieses kurze Beispiel zeigt die Einfachheit und Lesbarkeit von Python. Das Beispiel deklariert eine Klasse „Auto" mit den privaten Attributen „Modell", „PS", „Hubraum",

---

[4]Walter T. (2007), Seite 262
[5]Hunt A., Thomas D. (1999), Seite 263

„Hersteller" - welches einen Defaultwert „BMW" zugewiesen hat - und "Baujahr" - eben-
falls mit Defaultwert „2008".

Auf die Darstellung der Setter wurde verzichtet. Die Getters getModell und
getLeistung geben zum einen den Modellnamen zurück und zum anderen die Leistungs-
parameter des Autos mit „PS" und „Hubraum".

Die dargestellte Stringfunktion __str__ ist eine Python-Standardfunktion, mit der ein
Objekt einer Klasse einen Output als String erzeugen kann - diese Klasse wird im gegebenen Fall überschrieben und liefert somit ein Ausgabe „Hersteller: BMW, Modell: 330i".

3.2   MVC-Architektur in Django

Wie in vielen anderen Web-Frameworks[6] auch, realisiert Django das MVC-Konzept zur
Teilung von Logik, Inhalt und Layout. Es ist jedoch nur eine sehr lockere Implementierung
genau in dem Umfang vorhanden, dass die eigentliche Entwicklung nicht durch besondere
Einschränkungen behindert wird, aber immer noch so streng, dass der Programmierer
nicht vollkommen vom MVC-Prinzip abweichen kann.

Holovaty A., Kaplan-Moss J. (2008) beschreiben den Einfluss der MVC-Architektur
in Django wie folgt:[7]

---

[6]z.B.: RoR - Ruby on Rails
[7]Holovaty A., Kaplan-Moss J. (2008), Seite 61f

Django follows this MVC pattern closely enough that it can be called an MVC framework. Here's roughly how the M, V, and C break down in Django:

- M, the data portion, is handled by Django's database layer [...]
- V, the portion that selects which data to display and how to display it, is handled by views and templates.
- C, the portion that delegates to a view depending on user input, is handled by the framework itself by following URLconf and calling the appropriate Python function for the given url.

Because the "C" is handled by the framework itself and most of the excitement in Django happens in models, templates, and views, Django has been referred to as an MTV framework.
In the MTV development pattern,

- M stands for "Model", the data access layer. This layer contains anything and everything about the data: how to access it, how to validate it, which behaviors it has, and the relationships between the data.
- T stands for "Template", the presentation layer. This layer contains persentation-related decisions: how something should be displayed on a Web page or other type of document.
- V stands for "View", the business logic layer. This layer contains the logic that accesses the model and defers to the appropriate template(s). You can think of it as a bridge between models and templates.

3.3 Die Verwendung von Django

Im folgenden Teil wird auf die Verwendung des Web-Frameworks Django eingegangen. Es werden die Installation, die Grundlagen von Django, das intere Django-Template-System und Django-Views, die Datenbank-API und das Admininterface betrachtet. Hierbei handelt es sich um die allgemeinen Grundfähigkeiten von Django für die Entwicklung eines ersten Prototypen. Für eine vollständige Beschreibung des Funktionsumfangs von Django wird auf Django Foundation - Doc (2008) verwiesen.

3.3.1 Installation

Der Quellcode von Django ist in reinem Python-Code geschrieben, deshalb muss vor der Installation von Django eine funktionierende Python-Version auf dem System vorhanden sein. Django benötigt Python ab der Version 2.3.
Um zu überprüfen, ob Python bereits auf dem System zur Verfügung steht, empfiehlt sich

die Eingabe von **python** in die Kommandozeile/Terminals des jeweiligen Betriebssystems. Ähnelt die Ausgabe nachfolgendem Code, ist Python auf dem System installiert:

```
1  pmo@einstein:~\$ python
2  Python 2.4.4c1 (#2, Oct 11 2006, 20:00:03)
3  [GCC 4.1.2 20060928 (prerelease) (Ubuntu 4.1.1-13ubuntu5)] on linux2
4  Type "help", "copyright", "credits" or "license" for more information.
5  >>>
```

Listing 3.2: Python - Interaktiver Interpreter

Sollte Python auf dem System nicht installiert sein, wird an dieser Stelle auf Python Software Foundation (2008) verwiesen. Django kann über zweierlei Arten installiert werden, entweder über ein stabiles Release (als tar.gz Datei) oder über die Quellcodeverwaltung Subversion[8]. Beide Wege sollen hier kurz dargestellt werden.

Installation eines offiziellen Releases

Diese Installationsvariante empfiehlt sich immer dann, wenn man auf einen absolut stabilen Django-Code angewiesen ist. Django liegt zum momentanen Zeitpunkt in der Version 0.96 vor.[9]

Um Django als stabiles Release zu installieren, empfiehlt sich folgendes Vorgehen:

1. Herunterladen des aktuellen Releases von der Django Internetseite[10]
2. Entpacken der heruntergeladenen Datei (Linux: tar, Windows: 7-Zip)
3. Öffnen der Kommandozeile und Wechsel in das erzeugte Verzeichnis
4. Installation mit Kommandozeilenbefehl: **python setup.py install**

Dieses Vorgehen installiert Django automatisch in das *site-packages* Verzeichnis der Python-Installation.

Installation der Entwicklerversion (aus Subversion)

Um aktuelle Bugfixes und Neuerungen der Django-Entwicklung in seinen Projekten zu berücksichten, empfiehlt sich eine Installation von Django als Subversion-Checkout. Dies setzt eine Installation von Subversion voraus. Hierzu sollte folgendes Vorgehen berücksichtigt werden (zu beachten wäre, dass sich folgende Ausführung auf die Installation auf einem Linux-System beziehen, d.h. die Installation auf einem Windows-System kann sich an einigen Punkten unterscheiden):

1. Erstellen einer Ordnerstruktur

```
1  pmo@einstein:~\$ mkdir django
2  pmo@einstein:~\$ mkdir django/src
3  pmo@einstein:~\$ mkdir django/projects
```

Listing 3.3: Django - Ordnerstruktur

---

[8]näheres zu Subversion unter http://subversion.tigris.org
[9]vgl. Django Foundation - Home (2008)
[10]http://www.djangoproject.com/

Der Ordner *src* wird den Django-Quellcode enthalten. *projects* wird der Ordner für die späteren Django-Projekte.

2. Auschecken des aktuellen Entwicklerbranches

```
1   pmo@einstein:~/django\$ svn co \\
2   http://code.djangoproject.com/svn/django/trunk/ src
```

Listing 3.4: Django - Subversion Checkout

3. Verlinken des Django-Codes in das Python-*site-packages*-Verzeichnis

Folgendes Listing beschreibt das Vorgehen auf der Kommandozeilenebene:

```
1   pmo@einstein:~/django\$ python -c "from distutils.sysconfig import \\
2   get_python_lib; print get_python_lib()"
3   /usr/lib/python2.4/site-packages
4   pmo@einstein:~/django\$ ln -s src/django \\
5   /usr/lib/python2.4/site-packages/django
```

Listing 3.5: Django - Verlinkung in Python *site-packages*

4. django-admin.py ausführbar machen

```
1   pmo@einstein:~/django\$ ln -s 'pwd'/src/django/bin/django-admin.py \\
2   /usr/local/bin
```

Listing 3.6: Django - *django-admin.py*

Obiges Vorgehen *installiert* Django als Entwicklerversion auf einem Linux-System. Um den Django-Code zu aktualisieren reicht ein Ausführen von *svn update* im Django-Code-Verzeichnis.

Mittlerweile hat sich gezeigt, dass der zweite Weg zu bevorzugen ist, da der Django-Code trotz ständiger Weiterentwicklung stabil gehalten wird und so dem Entwickler wertvolle Neuerungen nicht vorenthalten werden bzw. bleiben.

3.3.2 Django-Grundlagen

Python ist nach Holovaty A., Kaplan-Moss J. (2008) die einzige Voraussetzung für ein funktionierendes Django. Dennoch liegt mit der Benutzung von Django das Augenmerk auf der Erstellung von dynamischen Webanwendungen und somit auch auf dem Einsatz von Datenbanken.

Django unterstützt zum momentanen Zeitpunkt folgende Datenbanksysteme:

- PostgreSQL (http://www.postgresql.org)
- SQLite3 (http://www.sqlite.org)
- MySQL (http://www.mysql.com)

Neben den oben genannten Systemen bestehen bereits Anbindungen an Microsofts SQL-Server und Oracle-Datenbanksysteme. Diese Anbindungen sind allerdings noch nicht im aktuellen Release berücksichtigt, aber über die Entwicklerversion von Django schon zu testen.

Wie im einzelnen Datenbanken für eine Django-Anwendung erzeugt werden, variiert stark vom gewählten System, deshalb wird an dieser Stelle auf die jeweilige Dokumentation der Systeme verwiesen.

Projektumgebung schaffen

Ein *Projekt* - im Django Sinne - ist eine Sammlung von Einstellungen für eine Instanz von Django, einschließlich Datenbankkonfiguration, Django-spezifischen Einstellungen und anwendungsspezifischen Einstellungen.

Unter 3.3.1 wurde bereits eine Django-Struktur erstellt. Im Ordner *projects* wird nun folgender Code ausgeführt, um ein Django-Projekt zu erstellen.

```
1   pmo@einstein:~/django/projects/\$ django-admin.py \\
2   startproject [PROJEKTNAME]
```

Listing 3.7: Django-Projekt erstellen

Dieses Kommando erstellt folgende Projektstruktur:

```
1   [PROJEKTNAME]/
2       __init__.py
3       manage.py
4       settings.py
5       urls.py
```

Listing 3.8: Django - Projektstruktur

Diese Dateien haben nachfolgende Aufgaben:

* *__init__.py*
  Eine Datei, die von Python benötigt wird; behandelt das Verzeichnis als *Package* (als Sammlung von Modulen).

* *manage.py*
  Ein Kommandozeilenprogramm, das den Benutzer auf verschiedene Arten mit Django interagieren lässt.

* *settings.py*
  Konfigurationsdatei für das Django-Projekt

* *urls.py*
  URLconf - Deklaration der URLs des Django-Projekts

Der Developement-Server

Nach dem Erstellen der Projektstruktur sollte als erstes die Funktionsfähigkeit der Django-Umgebung getestet werden. Dazu bedient man sich am einfachsten dem von Django mitgelieferten Development-Server. Dabei handelt es sich um eine leichtgewichtige Webserveranwendung, die für die Entwicklung von Django basierten Seiten genutzt werden kann, ohne auf andere Systeme - wie Apache - zurückgreifen zu müssen.

Um den Server zu starten, begibt man sich in das Projektverzeichnis und führt folgendes Kommando in der Kommandozeile aus:

```
1   pmo@einstein~/django/projects/[PROJEKTNAME]\$ python manage.py runserver
2   Validating models...
3   0 errors found.
4
5   Django version 0.96, using settings '[PROJEKTNAME].settings'
6   Development server is running at http://127.0.0.1:8000/
7   Quit the server with CONTROL+C.
```

Listing 3.9: Django - Developmentserver starten

Der Django interne Entwicklungsserver kann nun über einen Webbrowser aufgerufen werden.

Anlegen einer Anwendung

Prinzipiell funktioniert Django auch ohne die explizite Erstellung einzelner Anwendungen, dennoch wird sich jede größere Django-gestützte Seite aus mehreren einzelnen Anwendungen zusammensetzen. Aus diesem Grund wird hier darauf verzichtet, die Django-Funktionalitäten ohne explizite Erstellung einer Anwendung zu erläutern. Vielmehr wird der Funktionsumfang von Django anhand der üblichen Vorgehensweise dargestellt.

Bis zu diesem Zeitpunkt wurde eine lauffähige Instanz von Django umgesetzt, die allerdings noch keinerlei Funktionalität bietet. Im Folgenden wird der grundsätzliche Funktionsumfang von Django anhand einer Beispielanwendung *Blog* demonstriert.

Um die Beispielanwendung *Blog* in den oben generierten Django-Projekt umzusetzen, ist folgendes Kommando im Projektverzeichnis notwendig:

```
1   pmo@einstein~/django/projects/[PROJEKTNAME]\$ python manage.py \\
2   startapp blog
```

Listing 3.10: Django - Anwendung erstellen

Mit dem Ausführen dieses Befehls generiert Django eine Anwendungsstruktur:

```
1   blog/
2       __init__.py
3       models.py
4       views.py
```

Listing 3.11: Django - Anwendungsstruktur

Diese Dateien enthalten das Modell und die Views für diese Anwendung.

3.3.3 Django und Datenbanken: vom Modell zum Datenbankschema

Um Django mit einer Datenbank zu nutzen, müssen die Datenbankparameter zunächst in der Datei *settings.py* hinterlegt werden. Dazu wird diese, wie in Listing 3.12 beschrieben, angepasst:

```
 1   [...]
 2   DATABASE_ENGINE = 'mysql'
 3   DATABASE_NAME = '[Name der Datenbank]'
 4   # Or path to database file if using sqlite3.
 5   DATABASE_USER = '[Name des Datenbankbenutzers]'
 6   # Not used with sqlite3.
 7   DATABASE_PASSWORD = '[Passwort des Datenbankbenutzers]'
 8   # Not used with sqlite3.
 9   DATABASE_HOST = ''
10   # Set to empty string for localhost. Not used with sqlite3.
11   DATABASE_PORT = ''
12   # Set to empty string for default. Not used with sqlite3.
13   [...]
```

Listing 3.12: Django - Datenbankeinstellungen

Wie oben erwähnt steht das "M" in "MTV" für „Modell". Ein Django-*Modell* ist eine Beschreibung der Daten in der Datenbank, dargestellt als Python-Code. Django benutzt dieses *Modell* um daraus SQL[11] zu generieren und passende Python-Datenstrukturen aus den Daten in der Datenbank zu erstellen.

Für das Konzept des Blogs werden folgende Voraussetzungen angenommen:

- Ein Eintrag (im Blog) hat einen Titel, einen Langtext, ein Erstellungsdatum und ein Foto.
- Zudem wird jeder Eintrag genau einer Kategorie zugeordnet.
- Jeder Eintrag ist als freigegeben zu kennzeichnen.

Dieses Konzept wird nun mittels Django in der Form von *Modellen* in der Datei *models.py* durch Python-Code umgesetzt.

```
 1   from django.db import models
 2
 3   class entry(models.Model):
 4       title = models.CharField(maxlength=50)
 5       text = desc = models.TextField()
 6       date = models.DateTimeField(auto_now)
 7       thumbnail = models.FileField(upload_to='thumbs/%Y/%m/%d', blank='True')
 8       category = models.ForeignKey(category)
 9       enabled = models.BooleanField
10
11   class category(models.Model):
12       name = models.CharField(maxlength=30)
```

Listing 3.13: Django - Beispielanwendung - *models.py*

Listing 3.13 beinhaltet den grundsätzlichen konzeptionellen Aufbau der Beispielanwendung *Blog*.

Jedes *Modell* einer Django-Anwendung ist eine Unterklasse von `django.db.models.Model`. Die Elternklasse `Model` beinhaltet jegliche Funktionalität um das *Modell* mit der Datenbank interagieren zu lassen. Das *Modell* selbst benötigt nur die Definitionen der Felder.

---

[11]Structured Query Language

- `title` - Feld vom Typ "character" mit 50 Zeichen Beschränkung (Integritätsbedingung)
- `text` - Feld vom Typ "varchar" ohne Begrenzung
- `date` - Feld vom Typ "date" mit einem Defaultwert *"heutiges Datum"*
- `thumbnail` - Feld vom Typ "char"; das Bild wird auf dem Datenträger abgelegt und eine Pfadreferenz in der Datenbank hinterlegt.
- `category` - Beziehungsfeld; ein Eintrag kann genau einer Kategorie zugeordnet werden, einer Kategorie können mehrere Einträge zugeordnet werden.
- `enabled` - Feld vom Typ "boolean"; Wahr- oder Falsch-Feld

Auf die explizite Erstellung eines Primärschlüssels kann verzichtet werden, dieser wird von Django automatisch als Feld id vom Typ Integer erzeugt.

Das *Modell* aktivieren

Das *Modell* wurde im Code erzeugt, nun sollen die dazugehörigen Tabellen in der Datenbank erzeugt werden. Dazu bietet Django eine einfache, greifbare Routine. Zunächst wird die Anwendung *Blog* in der *settings.py* des Projekts im Bereich INSTALLED_APPS eingetragen. Dazu wird diese Datei wie in Listing 3.14 beschrieben editiert.

```
1  [...]
2  INSTALLED_APPS = (
3      #'django.contrib.auth',
4      #'django.contrib.contenttypes',
5      #'django.contirb.sessions',
6      #'django.contrib.sites',
7      '[PROJEKTNAME].blog',
8  )
```

Listing 3.14: Django - Beispielanwendung - *settings.py*

Nachdem die Django-Anwendung *Blog* aktiviert wurde, können nun die Datenbanktabellen erzeugt werden. Zunächst sollte die Modelle der Anwendung mit der Ausführung des folgenden Kommandos validiert werden:

```
1  pmo@einstein~/django/projects/[PROJEKTNAME]\$ \\
2  python manage.py validate
```

Listing 3.15: Django - Beispielanwendung - Modellvalidierung

Dieses Kommando prüft die *models.py* auf syntakische und logische Richtigkeit. Sofern keine Fehler gefunden werden, liefert es 0 errors found. zurück.

Wenn die Modelle valide sind, können die Datenbanktabellen erzeugt werden. Dazu bietet Django folgendes (Listing 3.16) Kommando:

```
1  pmo@einstein~/django/projects/[PROJEKTNAME]\$ \\
2  python manage.py syncdb
```

Listing 3.16: Django - Beispielanwendung - Synkronisation

3.3.4 Django-Template-System und Django-Views

Wie bereits erwähnt, liefert Django auf einen HTTP-Request eine Antwort. Diese Antwort muss nicht zwingend als reines HTML geschehen. Django liefert verschiedene Möglichkeiten (u.a. in Verbindung mit anderen Python-Modulen), um die Antwort als z.B. PDF-Dokument oder RSS-Feed zurückzugeben. Folgende Ausführungen beschränken sich auf die Zurückgabe von HTML-Dokumenten. Für weitere Reponse-Features sei an dieser Stelle auf die offizielle Django-Homepage (http://www.djangoproject.com) verwiesen.

Ein Django-Template ist ein Textdokument, das den Zweck hat, die Daten von der Präsenatation zu trennen. Ein Template definiert Platzhalter und minimale Logik, die bestimmen, wie das Dokument dargestellt werden soll.

Listing 3.17 zeigt ein mögliches[12] Template für die Beispielanwendung *Blog*.

```
1   <html>
2   <head>
3   <title>Django Blog</title>
4   </head>
5   <body>
6   {%block content%}
7   <h1>Django Blog</h1>
8   {% for entry in entries %}
9     <div class="entry">
10      <h2>{{entry.title | truncatewords: "200"}}</h2>
11      <p>Datum: {{entry.date}}</p>
12      <p>Kategorie: {{entry.category.name}}</p>
13      <p>{{entry.text}}</p>
14      <p>Bild: <img src="{{entry.thumbnail}}" alt="{{entry.title}}"</p>
15    </div>
16  {% endfor %}
17  {%endblock%}
18  </body>
19  </html>
```

Listing 3.17: Django - Beispielanwendung - Template

Das Listing 3.17 zeigt ein einfaches HTML-Gerüst, das um *Variablen* und sog. *Template Tags* erweitert wurde. Im einzelnen bedeutet das:

- Jeder Text, der von zwei geschweiften Klammern umgeben ist (z.B. {{entry.title}}), ist eine *Variable*. Eine Variable wird bei der Umsetzung des Template durch eine View (dazu später) ersetzt.

- Jeder Text, der von einer einfachen gescheiften Klammer und einem Prozentzeichen (z.B. {% for entry in entries %}), ist ein *Template Tag*. Ein *Template Tags* kann als eine Art Kontrollstruktur innerhalb des Templates gesehen werden. In diesem Fall iteriert der *for* Tag durch ein Array von Blogeinträgen und liefert einzelne Einträge an das Schleifeninnere zurück.

---

[12]Bemerkung: Das Template ist aus Gründen der Übersichtlichkeit stark vereinfacht

- Das Template bietet auch ein Beispiel für einen *Filter*. Ein *Filter* beeinflusst die Darstellung einer *Varibalen*. Im obigen Fall wird die *Varibale* `entry.text` (also der Langtext eines Blogeintrags) mit dem Filter *truncatewords: "200"* versehen. Dies bewirkt, dass der Inhalt der Varibalen `entry.text` nach 200 Wörtern abgeschnitten wird und somit nur die ersten 200 Wörter dargestellt werden.

Mittlerweile besitzt die Beispielanwendung ein Datenmodell und die Darstellung im Browser wurde auch durch den Einsatz von Templates festgelegt. Die Zusammenführung von Daten und Template geschieht durch die *Views*.

Bevor jedoch durch eine *View* auf Templates zugegriffen werden kann, müssen diese den Views zugänglich gemacht werden. Dazu ist ein Parameter in der Datei *settings.py* des Projekts verantwortlich. Listing 3.18 beschreibt einen Eintrag an entsprechender Stelle.

```
1   [...]
2   TEMPLATE_DIRS = (
3   '/home/pmo/django/projects/[PROJEKTNAME]/templates',
4   )
5   [...]
```

Listing 3.18: Django - *settings.py* - Template Directory

Das Framework bietet verschiedene Wege, um Templates in Views zu nutzen. Hier wird auf den Gebräuchlichsten aller Wege eingegangen. Innerhalb Django bietet das Framework für häufig verwendete Codefragmente Shortcuts[13] an. Ein solcher Shortcut ist die Funktion `render_to_response`, welche in dem Django-Modul `django.shortcuts` zur Verfügung gestellt wird.

Die in Listing 3.19 dargestellte *View* verwendet die Funktion `render_to_response`. In Zeile 1 wird aus dem Modul `django.shortcuts` die Funktion `render_to_response` importiert. Zeile 2 importiert das Modell `entry` aus der *models.py* der Anwendung *Blog*. In der *views.py* wird eine Funktion `index()` deklariert. Diese Funktion greift die fünf aktuellsten Datensätze des Modells `entry` ab und übergibt diese zusammen mit dem Template `template.html` aus Listing 3.17 an die Funktion `render_to_response`.

```
1   from django.shortcuts import render_to_response
2   from [PROJEKTNAME].blog.models import entry
3
4   def index(request):
5       entries = entry.objects.get(enabled=1).order_by('-created')[:5]
6       return render_to_response('template.html', {'entries': entries})
7
8   [...]
```

Listing 3.19: Django - Beispielanwendung - *views.py*

Die Funktion `render_to_response` generiert aus dem Template und der übergebenen Variable *entries* eine HTML-Ausgabe, welche als Response auf einen HTTP-Request zurückgeschickt wird.

---

[13]zu Deutsch: Abkürzungen, im Sinne von Arbeitserleichterung

Letzter Schritt um die Funktionsfähigkeit der Beispielanwendung *Blog* zu gewährleis-
ten, ist die Konfiguration der URLs der Anwendung durch die Definition der *URLconf*.

Bis zum jetzigen Zeitpunkt bestimmt das Modell die Daten, die Templates definieren
die Darstellung und die View führt die Daten und Templates zusammen. Ein ankommen-
der HTTP-Request löst aber immer eine bestimmte View aus. In Django bestimmt diese
Auswahl die sog. URLconf.

Listing 3.20 stellt eine exemplarische URL-Konfiguration in der Datei *urls.py* dar. Mit
einem regulärem Ausdruck wird der ankommende Request überprüft und bei Übereinstimmung die jeweilige View ausgewählt. Im gegebenen Fall würde ein Aufruf der URL
http://*server*/blog dazu führen, dass Django die *View* index auswählt und das Response
den Rückgabewert der Funktion liefert.

```
1  from django.conf.urls.default import *
2  from [PROJEKTNAME].blog.views import index
3
4  urlpatterns = patterns('',
5      (r'^blog/', index),
6      [...]
7  )
```

Listing 3.20: Django - Beispielanwendung - *urls.py*

Der Zusammenhang der URLconf und den Views soll am kompletten Ablauf einen
Request-Prozesses verdeutlicht werden. Abbildung 3.1 stellt den kompletten Ablauf eines
Request an das Django-Framework und den daraus resultierenden Response dar.

Der vom Browser ankommende HTTP-Request wird vom einem server-spezifischen
Handler (hier: mod_python) entgegengenommen und an die Request-Middleware des Django-
Frameworks weitergegeben. Diese kann entweder direkt einen Response auslösen (z.B.
HTTP Error Code 500) oder den HTTP-Request an die URLconf übergeben. Das URLconf-
Modul überprüft diesen auf Übereinstimmung mit den in der Anwendung definierten
URLs und übergibt den Request an die entsprechende View-Middleware. Die View-Middleware
überprüft, ob die angeforderte View vorhanden ist und ob die geforderten Parameter einge-
halten wurden. Bei positivem Check wird die View ausgeführt, welche dann die Response
generiert. Im negativen Falle greift ein Exception-Handler und übernimmt die Erstellung
einer Response.[14]

3.3.5 Django und Apache: mod_python

In den vorangegangen Ausführungen war es ausreichend, die Funktionen von Django mit
dem mitgelieferten Development-Server zu testen und erste Anwendungen zu entwickeln.
Soll die Entwicklung mit Django in ein Produktivsystem übergehen, d.h. soll ein Django-
Projekt *live* und öffentlich betrieben werden, wird Django überlicherweise auf die Dienste

---

[14]vgl. Holovaty A., Kaplan-Moss J. (2008), Seite 22f und 227ff.

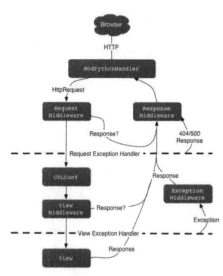

Abb. 3.1: Django - Ablauf - Request / Reponse [vgl. Holovaty A., Kaplan-Moss J. (2008), Seite 22]

der Webserversoftware Apache2 gesetzt. Um Django als Python-Anwendung mit dem Apache2-Webserver zu betreiben, muss man sich des Apache-Handlers *mod_python* bedienen.

mod_python bettet Python in die Webserveranwendung ein und lädt den auszuführenden Python-Code in den Speicher des Apache2, wo dieser für die Lebendauer des Prozesses eingelagert bleibt. Dies bringt signifikante Performancevorteile gegenüber anderen Webserversystemen.[15]

Für die Installation und die grundlegende Konfiguration von Apache2 wird auf die Webseite der Software (http://httpd.apache.org/) verwiesen.

Zunächst muss die Seitenkonfiguration[16] angepasst werden.

```
1  <Location "/blog/">
2      SetHandler python-program
3      PythonHandler django.core.handlers.modpython
4      SetEnv DJANGO_SETTINGS_MODULE [PROJEKTNAME].settings
5      PythonDebug On
6      PythonPath "['/home/pmo/django/projects/[PROJEKTNAME]/'] + sys.path"
7  </Location>
```

Listing 3.21: Django - Apache2 Konfiguration

Listing 3.21 zeigt wie ein Django-Projekt über einen Apache2-Webserver ausgeliefert

---

[15]vgl. Django Foundation - Doc (2008), Sektion „mod_python"
[16]httpd.conf oder einzelne virtuelle Hosts

wird. Nach einem Neustart des Webserverprozesses wird unter http://*server*/blog das
Django-Projekt aus dem Pfad **/home/pmo/django/projects/[PROJEKTNAME]/** angezeigt.

3.3.6 Django - Admininterface

Abschließend soll noch eine echte Arbeitserleichterung, die das Framework Django bietet,
kurz vorgestellt werden. Das Framework bietet für alle erstellten Modelle die Möglichkeit einer Verwaltung über ein Django-eigenes Administrationsinterface. Dazu muss das
Administrationsinterface zunächst in der Datei *settings.py* aktiviert werden. Listing 3.22
beschreibt die Vorgehensweise.

```
1   [...]
2   INSTALLED_APPS = (
3       #'django.contrib.auth',
4       #'django.contrib.contenttypes',
5       #'django.contirb.sessions',
6       #'django.contrib.sites',
7       'django.contrin.admin',
8       '[PROJEKTNAME].blog',
9   )
```

Listing 3.22: Django - Aktivierung Administrationsinterface

Damit ist das Administrationsinterface für das Django-Projekt aktiviert. Um dieses
„Backend" aufzurufen, bedarf es einer Anpassung der Datei *urls.py*. Listing 3.23 beschreibt
die zu notwendigen Änderungen.

```
1   [...]
2   from django.conf.urls.default import *
3   from [PROJEKTNAME].blog.views import index
4
5   urlpatterns = patterns('',
6       (r'^blog/', index),
7       (r'^blog/admin/', include('django.contrib.admin.urls')),
8   [...]
```

Listing 3.23: Django - Administrationsinterface - urls.py

Als letzten Schritt vor der Nutzung des Admininterfaces müssen die Modelle noch um
einen Parameter erweitert werden, der die Nutzung des Modells im Backend erlaubt sowie
die Datenbank neu synchronisiert werden. Bei der Neusynchronisation wird der Benutzer
für den Administrationsbereich angelegt. Listing 3.24 beschreibt die Änderungen zum
Aktivieren der Modelle. Für die Synchronisation wird auf Listing 3.16 verwiesen.

```
1   from django.db import models
2
3   class entry(models.Model):
4       title = models.CharField(maxlength=50)
5       text = desc = models.TextField()
6       date = models.DateTimeField(auto_now)
7       thumbnail = models.FileField(upload_to='thumbs/%Y/%m/%d', blank='True')
8       category = models.ForeignKey(category)
```

```
 9        enabled = models.BooleanField
10        class Admin:
11            pass
12
13  class category(models.Model):
14        name = models.CharField(maxlength=30)
15        class Admin:
16            pass
```

Listing 3.24: Django - Administrationsinterface - *models.py*

Nach erfolgreicher Authentifikation am Administrationsinterface lassen sich Objekte der Modelle bequem über anlegen, ändern und löschen. Eine vollwertige Benutzerverwaltung rundet dieses nicht zu verachtende Feature von Django ab.

4 Fazit

Django ist ein ausgezeichnetes Werkzeug für Webentwickler, denen der Zeitdruck im Nacken sitzt. Nicht umsonst bezeichnet sich das Framework selbst als „The Web framework for perfectionists with deadlines"[1].

Die oben genannten Ausführungen beschreiben nur einen Bruchteil der Fähigkeiten des Frameworks. Die momentane Entwicklung von Django beschränkt sich nicht nur auf das Framework selbst, seit einiger Zeit tauchen auch weitere, neue sog. Subframeworks für Django auf, die alltägliche Arbeiten unterstützen. Als Beispiele seien an dieser Stelle zwei genannt:

- **Google Sitemap**
  Dieses Subframework unterstützt Entwickler beim Erzeugen einer Google Sitemap. Jegliches Modell kann dazu als Basis dienen. Das Subframework generiert daraus ein valides XML-Dokument, das bei der Indizierung durch Google sehr hilfreich ist.
- **Syndication**
  Unter Syndication versteht man die Bereitstellung von Feeds, wahlweise im RSS- oder ATOM-Standard. Das Syndication-Framework bietet dem Entwickler Schnittstellen zum einfachen Erzeugen solcher Feeds.

Alles in allem bietet Django bereits jetzt - immerhin wird Django erst seit rund 2 Jahren entwickelt - ein ausgereiftes Framework, das Entwicklern Zeit und Nerven spart.

---

[1]Django Foundation - Home (2008)

Literaturverzeichnis

[Balzert H. 1999]   BALZERT H.: *Lehrbuch der Objektmodellierung: Analyse und Entwurf mit der UML 2.* Spektrum Akademischer Verlag, 1999

[Bächle M., Kirchberg P. April 2007]   BÄCHLE M., KIRCHBERG P.: Frameworks für das Web2.0. In: *Informatik Spektrum* Band 30, Heft 2 (April 2007), S. 79–83

[Django Foundation - Doc 2008]   DJANGO FOUNDATION - DOC: Django — Documentation. (2008). – URL http://www.djangoproject.com/documentation/. – abgerufen am 20. April 2008

[Django Foundation - Home 2008]   DJANGO FOUNDATION - HOME: Django — The Web framework for perfectionists with deadlines. (2008). – URL http://www.djangoproject.com/. – abgerufen 01. Mai 2008

[Fowler M. 2004]   FOWLER M.: Inversion of Control. (2004). – URL http://martinfowler.com/articles/injection.html. – abgerufen am 03. Mai 2008

[Gamma E., Helm R., Johnson R., Vlissides J. 1996]   GAMMA E., HELM R., JOHNSON R., VLISSIDES J.: *Entwurfsmuster - Elemente wiederverwendbarer objektorientierter Software.* Addison-Wesley Verlag, München, 1996

[Hetland M. L. 2005]   HETLAND M. L.: *Beginning Python - From Novice to Professional.* Apress, 2005

[Holovaty A., Kaplan-Moss J. 2008]   HOLOVATY A., KAPLAN-MOSS J.: *The Definitive Guide to Django - Web Development Done Right.* APRESS, 2008

[Hunt A., Thomas D. 1999]   HUNT A., THOMAS D.: *The Pragmatic Programmer.* Addison-Wesley, 1999

[Lahres B., Rayman G. 2006]   LAHRES B., RAYMAN G.: *Praxisbuch Objektorientierung.* Galileo Computing, 2006

[Python Software Foundation 2008]   PYTHON SOFTWARE FOUNDATION: Python Programming Language - Offical Website. (2008). – URL http://www.python.org/. – abgerufen am 11. Mai 2008

[Sun Mircosystems 2002]   SUN MIRCOSYSTEMS: Designing Enterprise Applications with the J2EE Platform, Second Edition. (2002). – URL http://java.sun.com/blueprints/guidelines/designing_enterprise_applications_2e/app-arch/app-arch2.html. – abgerufen am 10. Mai 2008

[van Rossum, G. Februar 2008]   VAN ROSSUM, G.: Python Reference Manual. (Februar
   2008). – URL http://docs.python.org/ref/ref.html. – abgerufen am 12. Mai 2008

[Walter T. 2007]   WALTER T.: *Kompendium der Web-Programmierung. Dynamische
   Web-Sites.* Springer, Berlin et al., 2007